El libro más rápido del mundo

Jimmy Huston

Cosworth Publishing
21545 Yucatan Avenue
Woodland Hills CA 91364
www.cosworthpublishing.com

For information regarding permission,
please send an email to *office@cosworthpublishing.com.*

Dedicado a Speedy Gonzales

Prefacio

Sáltatelo.

Capítulo uno

¡Rápido! ¡Pasa la página! *¡APÚRATE!*

Fin

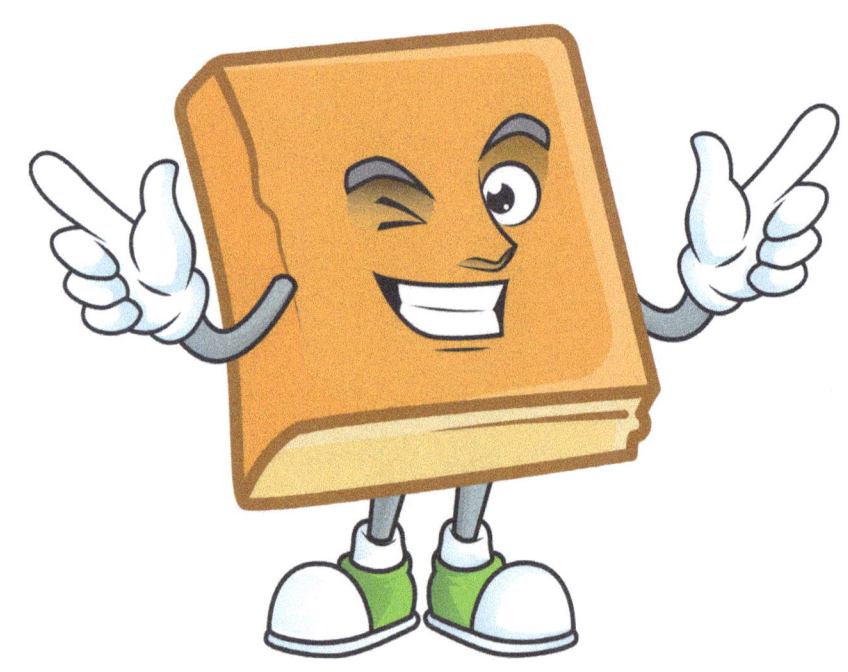

Epílogo

Eso es todo. Se acabó. Over. Finis. Adiós.

Sobre el autor

Él se fue.

Ya está en el segundo libro de la serie
Libro Mas Rapida.

O probablemente ya está en el libro tres o
cuatro.

Está loco.

EL **MANUAL DEL DISLÉXICO**

¡Edición Genius!

Letra grande. Imágenes grandes.

EL LIBRO DIVERTIDO SOBRE EL **TOC**

¿De verdad?

El Libro de Cocina sobre el Trastorno de Déficit de Atención e Hiperactividad

EDICIÓN ROMPECABEZAS

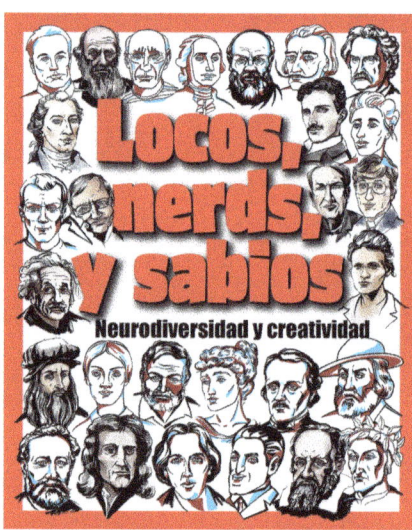

Locos, nerds, y sabios

Neurodiversidad y creatividad

Autismo para principiantes

Surfeando el espectro

Soy autismo
Soy autismo
Soy autismo

El libro **detesto leer**

Jimmy Huston

...y odio las matemáticas **2**

¿Quién las necesita?

Jimmy Huston

El asombroso, estupendo, extraordinario y algo inusual **LIBRO GIRATORIO**

No necesita pilas

ENCUÉNTRALO ALLÁ DONDE ODIEN LOS LIBROS

El libro detesto leer

Jimmy Huston

Si estás leyendo esto, este libro no te va a gustar.

No es para ti.

Este libro es para las personas que no lo están leyendo.

A ellos tampoco les gustará, pero es corto.

Eso les gustará.

"En realidad no leí este libro. Si lo hubiera leído me habría encantado — pero nunca lo haré."   Billy

"La palabra odio no alcanza. Detesto leer. Ni siquiera me gusta mirar los dibujos - que además no tiene."   Wally

"Esto no es lo que escribí sobre este estúpido libro."   Zane

"Este es un gran libro para la mesita, si tu mesita odia leer."   Solomon

"Este libro hizo llorar a mi profe."   David

"Mi hijo amó este libro. Dijo que estaba delicioso."   Sr. Jones

"ESTE LIBRO ES TAN ESTÚPIDO QUE HASTA YO PODRÍA HABERLO ESCRITO."   Jimmy "

www.i-hate-to-read.com

Gracias por comprar, pedir prestado o haber robado este libro maravilloso.

En Cosworth Publishing lo apreciamos, y a cambio queremos ofrecerte uno de nuestros libros en formato digital completamente gratis—valen cada centavo.

Solo avísanos que lo quieres, y nos aseguraremos que lo recibas. Avísanos cuál ya has leído para no enviarte el mismo.

Envía un correo a office@cosworthpublishing.com.

Entonces, de vez en cuando, te avisaremos por correo electrónico cuando tengamos un libro nuevo que te podría interesar.

No lo haremos muy seguido porque somos muy flojos, y no hacemos tantos libros nuevos.